PROJECT _____  TITLE _____

**FORMULAE**  **NOTES**

NAME _____  DATE _____

PROJECT _____ TITLE _____

**FORMULAE** **NOTES**

NAME _____ DATE _____

PROJECT _____   TITLE _____

FORMULAE | NOTES

NAME _____   DATE _____

PROJECT _____  TITLE _____

**FORMULAE**   **NOTES**

NAME _____  DATE _____

PROJECT _____   TITLE _____

**FORMULAE** | **NOTES**

**NAME** _____   **DATE** _____

**PROJECT** _____  **TITLE** _____

**FORMULAE**  **NOTES**

**NAME** _____  **DATE** _____

PROJECT _____  TITLE _____

**FORMULAE**  **NOTES**

**NAME** _____  **DATE** _____

PROJECT _____  TITLE _____

**FORMULAE**  **NOTES**

NAME _____  DATE _____

**PROJECT** _____  **TITLE** _____

**FORMULAE**　　　　　　　　　　　　　　　**NOTES**

**NAME** _____  **DATE** _____

**PROJECT** _____  **TITLE** _____

**FORMULAE**  **NOTES**

**NAME** _____  **DATE** _____

PROJECT _____   TITLE _____

**FORMULAE**  NOTES

NAME _____   DATE _____

**PROJECT** _____  **TITLE** _____

**FORMULAE**  **NOTES**

**NAME** _____  **DATE** _____

PROJECT _____  TITLE _____

**FORMULAE**  **NOTES**

NAME _____  DATE _____

PROJECT _____  TITLE _____

**FORMULAE**   **NOTES**

NAME _____  DATE _____

**PROJECT** _____  **TITLE** _____

**FORMULAE**  **NOTES**

**NAME** _____  **DATE** _____

**PROJECT** _____   **TITLE** _____

**FORMULAE**　　　　　　　　　　　　　**NOTES**

**NAME** _____   **DATE** _____

PROJECT _____    TITLE _____

**FORMULAE**                        **NOTES**

NAME _____        DATE _____

PROJECT _____  TITLE _____

**FORMULAE**  **NOTES**

**NAME** _____  **DATE** _____

PROJECT _____  TITLE _____

**FORMULAE**  **NOTES**

NAME _____  DATE _____

PROJECT _____  TITLE _____

**FORMULAE**                          **NOTES**

NAME _____  DATE _____

**PROJECT** _____  **TITLE** _____

**FORMULAE**  **NOTES**

**NAME** _____  **DATE** _____

PROJECT _____  TITLE _____

**FORMULAE**    NOTES

NAME _____  DATE _____

PROJECT _____   TITLE _____

**FORMULAE**                        **NOTES**

NAME _____   DATE _____

**PROJECT** _____  **TITLE** _____

**FORMULAE**  **NOTES**

**NAME** _____  **DATE** _____

PROJECT _____   TITLE _____

**FORMULAE**  **NOTES**

NAME _____   DATE _____

PROJECT _____  TITLE _____

**FORMULAE**  **NOTES**

NAME _____  DATE _____

PROJECT _____  TITLE _____

**FORMULAE**          **NOTES**

NAME _____  DATE _____

PROJECT _____  TITLE _____

**FORMULAE**  NOTES

NAME _____  DATE _____

PROJECT _____  TITLE _____

**FORMULAE**  **NOTES**

NAME _____  DATE _____

PROJECT _____     TITLE _____

**FORMULAE**     **NOTES**

NAME _____     DATE _____

PROJECT _____  TITLE _____

**FORMULAE** | **NOTES**

NAME _____  DATE _____

PROJECT _____  TITLE _____

**FORMULAE**                          **NOTES**

NAME _____  DATE _____

**PROJECT** _____  **TITLE** _____

**FORMULAE**  **NOTES**

**NAME** _____  **DATE** _____

PROJECT _____  TITLE _____

**FORMULAE**  NOTES

NAME _____  DATE _____

PROJECT _____  TITLE _____

**FORMULAE** | **NOTES**

NAME _____  DATE _____

PROJECT _____  TITLE _____

**FORMULAE**  NOTES

NAME _____  DATE _____

**PROJECT** _____  **TITLE** _____

**FORMULAE**               **NOTES**

**NAME** _____  **DATE** _____

PROJECT _____  TITLE _____

**FORMULAE**  NOTES

NAME _____  DATE _____

PROJECT _____  TITLE _____

**FORMULAE**  **NOTES**

NAME _____  DATE _____

**PROJECT** _____  **TITLE** _____

**FORMULAE**　　　　　　　　　　　　　　　**NOTES**

**NAME** _____  **DATE** _____

**PROJECT** _____  **TITLE** _____

**FORMULAE**  **NOTES**

**NAME** _____  **DATE** _____

PROJECT _____  TITLE _____

**FORMULAE**  **NOTES**

NAME _____  DATE _____

PROJECT _____  TITLE _____

**FORMULAE**  **NOTES**

NAME _____  DATE _____

PROJECT _____  TITLE _____

| FORMULAE | NOTES |

NAME _____  DATE _____

PROJECT _____    TITLE _____

**FORMULAE**                          **NOTES**

NAME _____    DATE _____

PROJECT _____   TITLE _____

**FORMULAE**     **NOTES**

NAME _____   DATE _____

PROJECT _____  TITLE _____

**FORMULAE**  **NOTES**

NAME _____  DATE _____

PROJECT _____  TITLE _____

**FORMULAE**                              NOTES

PROJECT _____  TITLE _____

FORMULAE | NOTES

PROJECT _____  TITLE _____

**FORMULAE**  **NOTES**

NAME _____  DATE _____

**PROJECT** _____  **TITLE** _____

**FORMULAE**　　　　　　　　　　　　　**NOTES**

**NAME** _____  **DATE** _____

PROJECT _____     TITLE _____

**FORMULAE**     **NOTES**

NAME _____     DATE _____

PROJECT _____  TITLE _____

| FORMULAE | NOTES |

PROJECT _____ TITLE _____

**FORMULAE** **NOTES**

NAME _____ DATE _____

PROJECT _____  TITLE _____

FORMULAE | NOTES
NAME _____  DATE _____

**PROJECT** _____  **TITLE** _____

**FORMULAE**  **NOTES**

**NAME** _____  **DATE** _____

**PROJECT** _____  **TITLE** _____

**FORMULAE**  **NOTES**

**NAME** _____  **DATE** _____

PROJECT _____  TITLE _____

**FORMULAE**  NOTES

NAME _____  DATE _____

PROJECT _____  TITLE _____

**FORMULAE**  **NOTES**

NAME _____  DATE _____

PROJECT _____  TITLE _____

**FORMULAE**  NOTES

NAME _____  DATE _____

PROJECT _____  TITLE _____

| FORMULAE | NOTES |

PROJECT _____  TITLE _____

**FORMULAE**  **NOTES**

**NAME** _____  **DATE** _____

PROJECT _____     TITLE _____

**FORMULAE**                          **NOTES**

NAME _____     DATE _____

**PROJECT** _____  **TITLE** _____

**FORMULAE**  **NOTES**

**NAME** _____  **DATE** _____

PROJECT _____  TITLE _____

FORMULAE | NOTES

NAME _____  DATE _____

PROJECT _____  TITLE _____

**FORMULAE**  **NOTES**

NAME _____  DATE _____

**PROJECT** _____  **TITLE** _____

**FORMULAE**  **NOTES**

**NAME** _____  **DATE** _____

PROJECT _____  TITLE _____

**FORMULAE**  **NOTES**

NAME _____  DATE _____

PROJECT _____  TITLE _____

FORMULAE                         NOTES

NAME _____     DATE _____

**PROJECT** _____  **TITLE** _____

**FORMULAE**  **NOTES**

**NAME** _____  **DATE** _____

PROJECT _____  TITLE _____

**FORMULAE**  NOTES

NAME _____  DATE _____

PROJECT _____  TITLE _____

**FORMULAE**                    **NOTES**

NAME _____  DATE _____

PROJECT _____  TITLE _____

FORMULAE | NOTES

NAME _____  DATE _____

**PROJECT** _____  **TITLE** _____

**FORMULAE**  **NOTES**

**NAME** _____  **DATE** _____

**PROJECT** _____  **TITLE** _____

**FORMULAE** | **NOTES**

**NAME** _____  **DATE** _____

PROJECT _____  TITLE _____

**FORMULAE**    **NOTES**

NAME _____  DATE _____

**PROJECT** _____  **TITLE** _____

**FORMULAE**                          **NOTES**

**NAME** _____  **DATE** _____

**PROJECT** _____  **TITLE** _____

**FORMULAE**  **NOTES**

**NAME** _____  **DATE** _____

PROJECT _____  TITLE _____

FORMULAE | NOTES

NAME _____  DATE _____

**PROJECT** _____  **TITLE** _____

**FORMULAE**  **NOTES**

**NAME** _____  **DATE** _____

PROJECT _____   TITLE _____

**FORMULAE**  **NOTES**

NAME _____   DATE _____

PROJECT _____  TITLE _____

**FORMULAE**  **NOTES**

NAME _____  DATE _____

PROJECT _____  TITLE _____

**FORMULAE**  **NOTES**

NAME _____  DATE _____

PROJECT _____   TITLE _____

**FORMULAE**   **NOTES**

NAME _____   DATE _____

PROJECT _____  TITLE _____

**FORMULAE** | **NOTES**

NAME _____  DATE _____

PROJECT _____  TITLE _____

**FORMULAE**  **NOTES**

**NAME** _____  **DATE** _____

PROJECT _____  TITLE _____

**FORMULAE**  **NOTES**

NAME _____  DATE _____

PROJECT _____  TITLE _____

**FORMULAE**  **NOTES**

NAME _____  DATE _____

**PROJECT** _____  **TITLE** _____

**FORMULAE**  **NOTES**

**NAME** _____  **DATE** _____

PROJECT _____  TITLE _____

**FORMULAE**  **NOTES**

NAME _____  DATE _____

PROJECT _____  TITLE _____

**FORMULAE**  **NOTES**

NAME _____  DATE _____

**PROJECT** _____  **TITLE** _____

**FORMULAE**  **NOTES**

**NAME** _____  **DATE** _____

**PROJECT** _____  **TITLE** _____

**FORMULAE**  **NOTES**

**NAME** _____  **DATE** _____

PROJECT _____  TITLE _____

**FORMULAE**          **NOTES**

NAME _____  DATE _____

PROJECT _____   TITLE _____

FORMULAE | NOTES

NAME _____   DATE _____

PROJECT _____  TITLE _____

**FORMULAE**  **NOTES**

NAME _____  DATE _____

**PROJECT** _____  **TITLE** _____

**FORMULAE**  **NOTES**

**NAME** _____  **DATE** _____

PROJECT _____  TITLE _____

**FORMULAE** | **NOTES**

NAME _____  DATE _____

PROJECT _____  TITLE _____

| FORMULAE | NOTES |

NAME _____  DATE _____

Cascade Press
www.cascade.press

copyright © Cascade Press 2018
ISBN: 978-1-948730-01-3